Zivilisation und Barbarei. Zwillinge der kolonialen Moderne. Begründungsversuche der bürgerlichen Gesellschaft bei John Locke und Thomas Hobbes

Josef Mühlbauer

Bibliografische Information der Deutschen Nationalbibliothek:

Die Deutsche Nationalbibliothek verzeichnet diese Publikation in der Deutschen Nationalbibliografie; detaillierte bibliografische Daten sind im Internet über http://dnb.d-nb.de abrufbar.

ISBN: 9783346905604
Dieses Buch ist auch als E-Book erhältlich.

© GRIN Publishing GmbH
Trappentreustraße 1
80339 München

Druck und Bindung: Books on Demand GmbH, Norderstedt Germany
Gedruckt auf säurefreiem Papier aus verantwortungsvollen Quellen

Das vorliegende Werk wurde sorgfältig erarbeitet. Dennoch übernehmen Autoren und Verlag für die Richtigkeit von Angaben, Hinweisen, Links und Ratschlägen sowie eventuelle Druckfehler keine Haftung.

Das Buch bei GRIN: https://www.grin.com/document/1370833

Zivilisation und Barbarei – Zwillinge der kolonialen Moderne

Begründungsversuche der bürgerlichen Gesellschaft bei John Locke und Thomas Hobbes

Mühlbauer, Josef BA MA

Wien, 2023

Lehrveranstaltung: SE Aufbruch in die (koloniale?) Moderne. Thomas Hobbes und John Locke

Institut für interkulturelle Religionsphilosophie

1. Einleitung

Als die Ständegesellschaften mit ihren feudalen Strukturen überwunden wurden und die Phase des Frühkapitalismus begann, kristallisierte sich zugleich die bürgerliche Gesellschaft. Die feudalen Strukturen wurden mit der Hoffnung auf mehr Freiheit überwunden. Kennzeichnend für diesen Übergang von Feudalismus hin zum Kapitalismus sind verschiedene Mentalitätszustände, die (neu) aufkommende kapitalistische Wirtschaftsweise, das rationalistische bzw. mechanistische Weltbild (instrumentelle Vernunft) und die Postulierung eines autonomen, individualisierten und Eigentum besitzenden Subjekts im Namen der Aufklärung (Besitzindividualismus). Vorbild hierfür gilt die sog. „Glorreiche Revolution" in der Royalisten auf der Seite des Königs, gegen die New Model Army (der bürgerlichen Klasse) kämpften. Die agrarkommunistische und egalitäre Ambition der Diggers fand im liberalen Siegeszug wenig politische und theoretische Beachtung.

Zweckgerichtetes, egoistisches und individuelles Handeln werden bei Descartes, Locke und Hobbes als rational, also als der Vernunft entsprechend betrachtet. Eine anthropologische Annahme aus der Bibel wird vor allem bei Locke weiter an die Spitze getrieben: Der Mensch hat den (göttlichen) Auftrag die Natur zu beherrschen. Durch Arbeit und Aneignung (bzw. Enteignung) werden wir „Herr"(scher) über die Natur. Das private Eigentum wird in Folge als sakrales Resultat der menschlichen Leistung betrachtet. Kaum verwunderlich ist es daher, dass das derzeitige Akkumulations- und Profitregime auf billigste Arbeitskraft und Ressourcen andernorts basiert. Diese Lebensweise, die auch eine nicht nachhaltige Produktions- und Konsumweise beinhaltet, nenne ich auch imperiale Lebensweise (Mühlbauer/Gabriel 2022). John Locke und Thomas Hobbes sind zweifelsfrei zwei kanonische Denker, die diese liberal-moderne Gesellschaftsformation theoretisch-konzeptionell durchdachten und zu legitimieren versuchten. Doch Freiheit, Sicherheit und Zivilisation sind nur die Begriffe auf der einen Seiten der Medaille. Auf der anderen stehen Chaos, Unordnung und Barbarei. Diese Gegensatzpaare werden von Locke, Hobbes, Mill bis hin zu Huntington und den Reden von George W. Bush kontinuierlich im Zeichen des westlichen Fortschritts ideologisch gebraucht. Um dieses dichotome Denken wird es in meiner Arbeit hauptsächlich gehen.

Hobbes und Locke, auf die ich mich hauptsächlich in dieser Arbeit fokussiere, vereint der Wunsch nach einer sicheren Gesellschaftsordnung und es eint sie die Suche nach gesellschaftlichen Ordnungsprinzipien die sich von Dogmen religiöser Art emanzipiert wollten. Sie stehen in der Tradition der Aufklärung und liberalen, bürgerlichen Gesellschaft, können aber auch als proto-imperialistische Denker betrachtet werden (Arendt 1986; Said 1993; Armitage 2013)[1]. Laut Arendt besteht eine enge Verbindung zwischen der liberalen Marktrationalität und der expansiven, imperialistischen (Geo-)Politik (vgl. Redecker 2022.). Genau diese Ambivalenz der Moderne (Baumann 2005) bzw. diese Dialektik der Aufklärung (Horkheimer/Adorno 2006) versuche in der folgenden Arbeit anhand des dichotomen Denkens aufzuzeigen.

Inwieweit hängen Fortschrittsdenken und Aufklärung mit Kolonialismus und Imperialismus in der liberalen Moderne zusammen? Wie kann der selbstdeklarierte Moment der politischen und wirtschaftlichen Freiheit zu Weltkriegen, dem Holocaust und Kolonialismus/Imperialismus geführt haben? Wie kann das autonome und rationale Subjekt der Moderne sich freiwillig einer Staatsgewalt unterwerfen und somit sich selbst quasi entmündigen? Welche epistemischen Grundlagen müssten dafür geschaffen worden sein? Diese Fragen bilden nicht nur mein Forschungsinteresse an dem Thema ab sondern zeigen auch den ambivalenten Charakter der Moderne. Mit Blick auf diese Ambivalenzen und Fragen möchte ich mich dem Denken von Locke und Hobbes widmen. Aufgrund des Platzmangels werden nicht alle Fragen beantwortet oder besprochen. Worauf ich mich genau fokussiere beschreibe ich nun im nächsten Absatz.

1.1 Aufbau der Arbeit und zentrale Fragestellung

Diese Arbeit fokussiert sich auf epistemischer Ebene auf die Wissensproduktion und Reproduktion. Grundlegend stelle ich die Frage, welches Wissen wird/wurde bei Locke und Hobbes tradiert, damit dichotome Denkmuster von Zivilisation und Barbarei überhaupt erst entstehen können? Die Frage die ich mit Sicherheit nicht ausführlich angehen werde, dennoch wichtig zu stellen ist, lautet: Besteht ein roter Faden zwischen liberalen Denkschulen von Locke/Hobbes bis Samuel Huntington und Francis Fukuyama? Konkret werde ich auf das dichotome Gegensatzpaar von Barbarei und Zivilisation eingehen, was ich als grundlegenden epistemischen Baustein der Moderne betrachte (Eberl 2021).

2. Epistemischen Grundlagen der kolonialen Moderne

Zivilisation ist seit mehreren Jahrhunderten ein Eckpfeiler der Europäischen Identität (Salter 2002: 15). Der Begriff taucht zum ersten Mal auf Englisch 1772 im semantischen Gegensatz zur Barbarei auf. Auf Französisch taucht der Begriff 1767 auf. Diese Begriffe wurden

---

[1] Tarlton (1998) unterstreicht sogar die Ähnlichkeiten zwischen Faschismus und die Rechtfertigungsstrategie von Hobbes.

mobilisiert im imperialen Kontext, um die europäische Expansion zu rechtfertigen (ebd.). Die Zivilisierungsmission wurde somit zum Schlagwort imperialer Ideologien. Salter beschreibt die institutionelle und historische Einschreibung dieser imperialen Ideologie folgendermaßen:

> European nations – as exemplified by the Covenant of the League of Nations – saw themselves as the 'civilized' world in stark contrast to the savage and barbaric worlds. Laws of warfare and the treaties of international organizations were based on the tacit or explicit value consensus which 'European civilization' represented. For most of this part of its history, civilization was a political term, which was used to elide the differences within European communities, in comparison to those savage and barbaric communities outside Europe (Salter 2002: 15).

Begriffe wie Orientalismus (vgl. Said 1979) beschrieben stets das Andere, das Außerhalb von Europa. Europa selbst beschrieb sich selbst als technologisch überlegen und Europas universalistische Werte portraitierte das aufgeklärte Denken (Salter 2002: 16). Damit einher geht eine epistemische Hierarchisierung. Die erste Stufe sind sog. „wilde" („savage") Gesellschaften, welche aus Jäger-Sammler-Gesellschaften bestehen. Dann kommen „barbarische" Gesellschaften, die knapp über den Jäger-Sammler-Gesellschaften stehen. Als die größte menschliche Errungenschaften und Spitze der aufgeklärten Gesellschaftsformation wird das europäische Modell mit seinen liberalen Institutionen, kapitalistischen Handel und modernster Technologien beschrieben (ebd.). Auch wenn zahlreiche Entdeckungen und Entwicklungen außerhalb von Europa stattfanden, der imperiale Diskurs beharrte auf seine Überlegenheit. So schrieb Montesquieu im Jahr 1750 dass der grundlegende Unterschied zwischen barbarischen und zivilisierten Gesellschaften der Geist der Gesetze sei. Edmund Burke skizziert eine ähnliche „Great Map of Mankind" (1777) indem er zwischen savagery, barbarism und civilization unterscheidet. Mit Julia Kristeva könnte man dieses dichotome Denken schon bei Aristoteles vorfinden, da er Barbaren als natürliche Sklaven definierte. Wenn Menschen von Geburt an zur Sklaverei bestimmt sind, dann ist Imperialismus und Unterwerfung legitim und moralisch gerechtfertigt. Doch hier ist nicht der Platz um die dekolonialen Theorien (siehe vor allem Achille Mbembe) aufzumachen. Mir ging es hier lediglich darum die Kontinuität im abendländischen Denken und die damit einhergehenden Macht- und Herrschaftsverhältnisse aufzuzeigen. Auch wenn Hobbes und Locke den aristotelischen Essentialismus bestreiten würden, läuft ihr Gesellschaftsentwurf auf eine Fusion von horizontalem (freiwilligen, vernünftigen) Gesellschaftsvertrag und einem vertikalen (hierarchischen, teils auf Sicherheit und/oder Besitz orientierten Machtapparat) Herrschaftsvertrag hinaus.

Auf zwei wesentliche Merkmale dieses kolonialen bzw. imperialen Diskurses möchte ich mich festlegen. Einerseits will ich die Eigentumslogik herausarbeiten. Schon bei Vittoria (1527), Hugo Grotius (1625) und vor allem bei John Locke (1690) wurden die „wilden" Nordamerikas als Paradebeispiele herangezogen um ihre Eigentumstheorien zu unterstreichen (zit. nach Salter 2002: 24). Mit dem *Manifest Destiny* und vielen weiteren Beispielen aus den internationalen Beziehungen sehen wir die westliche, bzw. europäische Zivilisierungsmission – am allerdeutlichsten auf ökonomischer und militärischer Ebene. Andererseits möchte ich auf den Aspekt der (Staats-)Gewalt eingehen, die mit Hilfe des dichotomen Denkens von Natur- vs. Gesellschaftszustand gerechtfertigt wurde. Die Frage der Staatsgewalt und die Eigentumsfrage sind zentrale Elemente der frühneuzeitlichen Staatenbildung und der frühkapitalistischen Wirtschafts- und Expansionsweise.

2.1 Staatsgewalt bei Hobbes

> „Staat heißt das kälteste aller kalten Ungeheuer. Kalt lügt es auch; und diese Lüge kriecht aus seinem Munde: „Ich, der Staat, bin das Volk." (Nietzsche 1883: 65).

Welches Wissen muss produziert und reproduziert worden sein, damit „wir" im Namen der Sicherheit, die Freiheit aufgeben? Welches Wissen musste sich durchsetzen, damit wir uns freiwillig einem biblischen Seeungeheuer (Leviathan) unterwerfen? Von diesem Ungeheuer sprach auch Nietzsche, der die vermeintliche Einheit von Staat und Gesellschaft kritisierte.

Obwohl Hobbes und Locke ein anderes Staatsverständnis vorweisen, können einige Parallelen gezogen werden. So zB skizzieren beide in einem reinen Gedankenexperiment mit wenig empirischer Fundierung einen „Naturzustand". Beide Denker können im Lichte ihrer Zeit und der damaligen Bürgerkriege in Europa verstanden und gelesen werden. Demgemäß reagieren ihre Ansätze auf die dringenden Fragen ihrer Zeit. Vor dem Hintergrund des Englischen Bürgerkrieges (1640er) entwickelt Hobbes seine anthropologischen Annahmen über den Menschen. Er vertritt einen psychologischen Egoismus, denn laut Hobbes befinden wir uns im Naturzustand im Kampf aller gegen alle (bellum omnium contra omnes) aufgrund unserer Triebe und aufgrund des Wettstreits um Macht, Anerkennung und Ruhm. Da jeder Mensch, ganz egal wie stark und schlau er sein mag, mittels Kooperation mehrerer Menschen überwunden werden kann, ist das menschliche Zusammenleben durch Argwohn, Misstrauen und Konkurrenzdenken geprägt.[2] Diese Prädisposition verursacht aber gleichzeitig eine kriegerische Dynamik. Denn es liegt sogar in der Rationalität des Menschen diese Zustände bzw. Umstände zu antizipieren und somit selbst pro-aktiv zu werden, um präventiv diese Gefahren die die Anderen darstellen auszulöschen. Die Konklusion aus dieser „geometrischen Analyse" mündet im Naturrecht, genauer im Recht auf Selbsterhaltung. Laut Hobbes sind wir frei und haben das Recht auf alles und Selbsterhaltung, jedoch gibt es keine Garantien dass diese „Gesetze" eingehalten werden. Ähnlich des Ansatzes des Gefangenendilemmas, sind wir Menschen nun in einem Null-Summen-Spiel gefangen, wo wir genuin den anderen Mitstreiter:innen misstrauen müssen und nicht wissen wie der andere handeln könnte. Genau an diesem Punkt, konstruiert Hobbes einen anderen Zustand, wo diese Garantien (vermeintlich) gegeben seien. Und hier kommt der sog. Gesellschaftsvertrag und in Folge dessen auch der Staat (bzw. der Leviathan) ins Spiel. Der Leviathan, wird an einigen Stellen in der jüdisch-christlichen Erzählung auch als Krokodil, Seeungeheuer und als schlangenartiges Wesen beschrieben (Psalm 74,14, 104,26; Hiob 40,25, 41,26; Jesaja 27,1…). Daher rekurriert Nietzsche im eingangs erwähnten Zitat wohl auf Thomas Hobbes, wenn den Staat als Ungeheuer tituliert. Von der Neuzeit bis zur Gegenwart steht Leviathan jedoch für eine Allmacht und weniger ein teuflisches Ungeheuer. Sich dieser Allmacht zu unterwerfen sei rational und gibt den Menschen Sicherheit, so die Annahme von Hobbes. Die Bürger:innen haben ein vitales Interesse ihre Mündigkeit und Freiheit dem Leviathan abzugeben, der außerhalb des Rechts steht, welches er ja im Grunde symbolisiert (vgl. Agamben 2002).[3] Das Interesse eines jeden liegt in der Sicherheit. Durch den fiktiven Gesellschaftsvertrag verzichten alle Bürger:innen unwiderruflich (!) auf ihre Macht und übertragen ihre Recht dem allmächtigen Ungeheuer Leviathan. Das ist der Punkt an dem nicht mehr Gott, oder Kirche über das Leben bestimmen sollten, sondern der Staat. Für damalige Zeiten und aus der Perspektive von Hobbes vielleicht sogar ein progressiver Gedanke, da man sich von Konfessionsstreitigkeiten und Feudalismus emanzipieren wollte. Dennoch bleibt uns Hobbes die Antwort schuldig, wer schlussendlich dieser Leviathan sein soll? Sind es alle Bürger:innen? Wohl kaum, den dann hätten wir ja laut Hobbes wieder einen basisdemokratischen Streit um Deutungshocheiten, Konfessionen, Macht, Ruhm etc. Ist es

---

[2] Selbiges gilt für das internationale Staatensystem. Jeder Staat bzw. Imperium kann durch den Zusammenschluss mehrerer Staaten überwunden werden.

[3] Auf das Paradox, dass die Staatsgewalt bereits bestehen musste, damit der Gesellschaftsvertrag erst seine Gültigkeit entfalten kann (denn laut Hobbes und Locke erhalten Gesetze erst durch das Schwert die Garantie ihrer Einhaltung) und auf das Paradox, dass die Staatsgewalt über den Ausnahmezustand (der nicht im Recht gefasst werden kann) bestimmt und somit gleichzeitig außerhalb des Rechts sich befindet, kurz: auf diese Paradoxien die Judith Butler und Giorgio Agamben aufgezeigt haben, werde ich nicht weiter eingehen.

eine elitäre Gruppe von Menschen? Wenn ja, dann frage ich mich, was veranlagt den diese Menschen nicht Krieg gegen andere Staatengebilde, andere Seeungeheuer Krieg zu führen? Hat Hobbes dann einfach nur die Ebene des Naturzustandes auf die internationale Ebene gebracht, aber das Problem der Sicherheit nicht lösen können? Oder ist Leviathan eine künstliche Intelligenz, eine Maschine die für uns rationale Entscheidungen treffen soll? Aus heutiger Sicht wohl die aktuellste, gleichzeitig dramatischste Deutung von Hobbes. Wenn aber der Leviathan nur aus einer Person besteht, öffnen wir hier nicht Tür und Tor für Absolutismus und Diktaturen? In allen genannten Fällen bleibt der Gesellschaft und dem Menschen die Macht der Tyrannei und Willkür nicht erspart. Diktatur, Chaos, Krieg sind wohl anthropologische Konstante, mit denen sich der Mensch seit Jahrhunderten abfinden muss, und zusehen muss wie Macht und Herrschaft weitestgehend abgebaut und verteilt werden kann, damit niemand die Macht hat großen Schaden anzurichten. Heute liegt die Zerstörung des gesamten Planeten in den Händen weniger Oligarchen und/oder Herrscher (großer Imperien: allen voran Russland & USA). Haben die Seeungeheuer unser Leben wirklich sicherer und gerechter gemacht? Den Frankenstein den wir schufen und die Monster die wir riefen in der Neuzeit holen uns mit der atomaren Drohung (mit Günther Anders gesprochen) dramatisch ein. Worauf ich im Grunde hinaus wollte ist die Konstruktion eines dichotomen Denkens. Es wird einerseits ein chaotischer, von Trieben geführter und kriegerischer Naturzustand auf der einen und ein staatlicher, gesellschaftsvertraglicher Zustand der Ordnung und vertikalen, hierarchischen, entmündigenden Herrschaft portraitiert. Ersteres gilt als Barbarei. Zweiteres als Zivilisation. Doch die Zivilisation trägt die Barbarei in sich, so wie der Kapitalismus den Krieg in sich und genau so wie die Wolke den Regen in sich trägt (um Jean Jaurès zu paraphrasieren).

Die Barbarei lässt sich nur rechtfertigen, wenn spezifische anthropologische Annahmen über den Menschen und über zwischenmenschliche, soziale Verhältnisse postuliert werden (*mos geometricum*). Ein elitärer Reflex und Abneigung gegenüber der breiten Bevölkerung bei Hobbes spiegelt seine anthropologische Annahme deutlich wieder:

> „Jedenfalls bin ich schon lange der Ansicht, dass kein vortrefflicher Anspruch jemals dem Volke gefallen hat und dass die Masse eine Weisheit, die über ihren Verstand geht, nicht anerkennen kann; entweder verstehen sie sie nicht, oder wenn sie sie verstehen, so zeihen sie sie herab (Hobbes 1994: 60).

Es hat oft den Anschein, dass Hobbes die komplexe menschliche Natur auf zwei „natürliche Vorkommnisse" bzw. Triebe (nämlich Habgier und den Lebenstrieb/Selbsterhaltungstrieb) reduziert (vgl. Hobbes 1994: 61ff.). Den Trieben und Leidenschaften stellt er die Vernunft gegenüber. Seinem rassistischen Denken zufolge, leben die indigenen Bevölkerungen „tierisch" (Hobbes 1984: 97), weil sie keine Regierungen haben und zu Bürgerkriegen neigen. Dem tierischen Zustand der Wilden stellt er einen vernünftigen Zustand des Staatswesens gegenüber. Eine anthropologische Konstante bei Hobbes wird durch das Machtstreben des Menschen definiert (ebd.: 131). Gewalt ist der Grund für die Teilung der menschlichen Gesellschaft, aber Gewalt ist laut Hobbes auch jene Kraft die Sicherheit und sozialer Zusammenhalt bietet (vgl. ebd.). Ersteres bezieht sich auf die Gewalt im Naturzustand, Zweiteres auf die Staatsgewalt. Nur eine (Staats-)Gewalt, die die Handlungen der Individuen auf das Gemeinwohl hinlenken soll, kann die Sicherheit garantieren (Hobbes 1984: 134). Die Skepsis von Nietzsche gegenüber dem Seeungeheuer und die von Arendt in Bezug auf den autoritären Charakter bei Hobbes zeigen mit folgender Passage ihre Berechtigung:

> „Dies ist mehr als Zustimmung oder Übereinstimmung: Es ist eine wirkliche Einheit aller in ein und derselben Person, die durch Vertrag eines jeden mit jedem zustande kam, als hätte jeder zu jedem gesagt: Ich autorisiere diesen Menschen oder diese Versammlung von Menschen und übertrage ihnen mein Recht, mich zu regieren, unter der Bedingung, dass du ihnen ebenso dein Recht überträgst und alle ihrer Handlungen autorisierst. Ist dies geschehen, so nennt man diese zu einer Person vereinte Menge „Staat"." (ebd.: 134).

Der Leviathan ist im Grunde eine menschliche Projektion Gottes auf Erden. „Dies ist die Erzeugung jenes großen Leviathan oder besser, um es ehrerbietiger auszudrücken, jenes sterblichen Gottes, dem wir unter unsterblichen Gott unseren Frieden und Schutz verdanken" (ebd.). Eine friedliche Übereinkunft aller und somit eine friedliche und freiwillige Gründung des Staates (bei Hobbes: „Staat durch einsetzen" S. 135f.) gab es historisch selten. Hingegen ist die Entstehung des Staates durch Aneignung und vor allem Enteignung (vgl. Tilly 1985) die am häufigsten anzutreffende Variante. Die vier Jahrhunderte lange Geschichte und Genealogie des Staates hat Hobbes empirisch und somit auch konzeptionell-theoretisch wiederlegt. Wer nämlich die anthropologischen Annahmen und Legitimationsversuche der Staatsgewalt von Hobbes heute noch ernst nimmt, verkennt zwei grundlegende historische Fakten: erstens gab es laut zahlreichen anthropologischen Studien von Harold Barcley (1986; 1990; 1997; 2003); David Graeber (2001; 2004), James C. Scott (1998; 2009) & Andrej Grubacic/Hearn (2016) und Tilly (1985) friedliche zwischenmenschliche Kooperationen jenseits von kapitalistischer Produktionsweise und staatlichen Strukturen. Zweitens belegen

Historiker wie Wolfgang Reinhard (1999), dass die Staatsgewalt aufs engste verbunden sind mit Herrschaft, Homogenisierung von Sprache, Kultur und Religion und auf engste verbunden sind mit kapitalistischer, herrschaftlicher und kolonialer Expansion.

Eine andere Legitimationsform der bürgerlichen Gesellschaft finden wir bei John Locke, auf den ich nun näher eingehen werde.

2.2 Eigentumslogik und ursprüngliche Akkumulation

> *m]anch Kapital, das heute in den Vereinigten Staaten ohne Geburtsschein auftritt,*
>
> *[...] erst gestern in England kapitalisiertes Kinderblut" ist (MEW 23: 784)*

Die mit Abstand einflussreichste Begründung und Rechtfertigung des modernen Privateigentums und Staatlichkeit lässt sich bei John Locke (Zwei Abhandlungen über die Regierung) finden. Ingo Elbe (vgl. 2010) sieht fünf, meist heute noch nachwirkenden Legitimationsstrategien, die sich von Locke ableiten lassen. Eine rechtstheoretische Legitimation einer Arbeitstheorie des Eigentums. Eine politikökonomische Legitimation des Reichtums. Eine Anreiztheorie des Eigentums. Schlussendlich eine Legitimation sozialer Ungleichheit durch das Leistungsprinzip sowie die vertragstheoretische Begründung einer Staatsgewalt, die wiederrum das Eigentum sichern soll. Ich möchte die ethischen Implikationen und politökonomische Aspekte weitestgehend ausblenden und mich auf die Legitimation des „Eigentümerstaats" fokussieren.

Meine kritischen Fragen an dem Denken von Locke gehen in folgende Richtung: Wie kann ein Empirist wie Locke einen nicht fiktionalen, nicht bloß ideellen Gesellschaftsvertrag annehmen, wenn es diesen offensichtlich nie gab? Ein weiteres Problem wird – wie auch schon bei Hobbes – sichtbar. Wie kann ein von Natur aus nicht vernünftiges Wesen einen vernünftigen Vertrag beschließen, an dem es sich halten muss? Wenn das Wesen des Menschen jedoch mal vernünftig und friedlich und mal nicht friedlich und unvernünftig ist, welche empirischen Beweise haben wir, die uns belegen, dass die staatliche Gesellschaftsformation friedlicher, weniger konflikthaft und normativ gesprochen „besser" ist? Um all diese Fragen besser zu verstehen muss man das Verhältnis von Eigentum und Staatsgewalt bei John Locke verstehen.

Erst durch die Arbeit, durch die Kultivierung des Bodens und der (kapitalistischen!?) Verwertung dieser gelangt der freie Bürger zum Eigentum. Doch welche Kriterien bestimmen was genau Arbeit ist? Ist die eigene Körperpflege oder der Erhalt sozialer Kontakte auch schon Arbeit? Offensichtlich nicht, da bei Liebe, Freundschaft und körperliche Selbstliebe bzw. Pflege Locke nicht von Eigentum sprechen würde. Hier liegt also bereits ein Kosten-Nutzen-abwiegendes und marktgeleitetes Verständnis von Arbeit vor. Andererseits stellt sich mir die Frage, wie es sein kann, dass diejenigen die am meisten Geld/Eigentum zur Zeit Lockes besaßen, gerade dieses Eigentum eben nicht durch eigene Arbeit beschaffen haben – ich denke hier speziell an die Investoren der East India Company, an Börsenspekulanten und an Landlords in Nordamerika die aufgrund von Sklavenplantagen ihr Reichtum erworben haben. Beim Zeitpunkt des Gesellschaftsvertrag waren darüber hinaus die Teilnehmer:innen auch nicht gleich (an Besitz/Eigentum/Geld/Macht), was aber eine zentrale Prämisse der Kontraktualisten ist. Liegt hier ein zwei-Klassen-Modell von Menschen vor, wie es C.B.Macpherson konstatiert? Eine Klasse an Menschen (Bourgeois) die vorausblickend, vernünftig und Warenbesitzer sind? Die andere, eine von Natur aus vernunftsdefizitäre Arbeiterklasse? Für Elbe (2010: 28) liegt eine gewisse Widersprüchlichkeit in der Naturzustandsschilderung und in den anthropologischen Annahmen bei Locke:

> Er vereinige zwei widersprüchliche christliche und ein modernes Menschenbild: das stoisch-thomistische (guter, aber irregeleiteter / depravierter Mensch), das augustinische (seit dem Sündenfall böser Mensch) und das neoepikureische (Mensch als die Gesellschaft zum Zwecke individueller Selbsterhaltung und Glückssuche instrumentalisierender Egoist)

Das Problem möchte ich nochmals anders darstellen: Wie kann Gott die Erde allen Menschen gab, sich aber wenige Menschen immer mehr Eigentum an- bzw. enteignen? Dieses grundsätzliche Dilemma greift das Denken von Locke auf. Wie lässt sich Eigentum rechtfertigen? Für Locke ist die Arbeit jenes Bindeglied welches aus Natur Eigentum macht. Er differenziert zwischen Privateigentum und Gemeinschaftseigentum. Tugendethisch ist es für Locke nicht verwerflich Geld und somit Privateigentum grenzenlos anzueignen. Es ist bloß verwerflich, dass Güter bei der Akkumulation verderben/ unbrauchbar gemacht werden. „Gerechte" Akkumulation kommt für Locke also durch Arbeit zustande. Doch das Verhältnis zwischen Arbeit und Vermögen wird aus bei Locke nicht thematisiert. Ganz im Gegenteil. Für Locke sind Gefangene in einem sog. „gerechten Krieg" Menschen die ihre Freiheit aufgegeben haben und absolut ihren Herrschern gehören. Die „wilden Indianer" (sic!) – um Locke zu zitieren – die ständig in Bewegung sind, haben deswegen auch etwas Tierisches an sich, weil sie ignorant gegenüber Geld, Eigentum und akkumulative Arbeit seien (vgl. Losurdo 2011: 24f.). Grotius, Locke und sogar US-Präsident Washington bezeichnen die indigenen als „wilde Bestien" (ebd.: 27). Dieser Zustand der Barbarei wird als ein egalitärer

Zustand porträtiert. Der zivilisierte Zustand wird als Zustand des grenzlosen Vermögens und als Herrschaftsordnung skizziert.

Eine implizite Verteidigung der Kolonialpolitik lässt sich bei Locke finden. Da in manchen Erdteilen (Amerika) große brachliegende Flächen bzw. ungenützte Landwirtschaftsflächen vorhanden sind und erst die Arbeit bzw. Bearbeitung dieser Flächen diese in Wert setzen und somit privatisieren. Daher ist es für Locke legitim sich dieses (fremde) Land anzueignen und zu bearbeiten. Doch wer bestimmt was eine sinnvolle Nutzung von Land ist? Als Anteileigner eines kolonialen und auf Expansion ausgelegten Sklavenhandelunternehmens („Royal African Company"), ist Locke womöglich nicht der richtige Ansprechpartner, um diese ethische Frage von Kosten und Nutzen zu beantworten. Als secretary of the Lords Propriertors of the Carolinas war er maßgeblich an der Verfassung des Bundesstaates Carolina beteiligt, ein Staat wo eine quasi-feudale Aristokratie geherrscht hat und wo Sklavenhandel bzw. Haltung verfassungsgemäß erlaubt war. Er hatte also ein eigennütziges Interesse gehabt seine elitäre Theorie der liberalen Gesellschaftsordnung zu formulieren.

Obwohl Locke auch soziale Regulierungen für sozial „schwächere" aufstellte, ist seine Arbeitstheorie bzw. Werttheorie stark vom Gedanken der Nützlichkeit geprägt. In seinem Essay on the Poor (1997) geht er zwar auf sozialstaatliche bzw. wohlfahrtstaatliche Mechanismen ein. Diese gelten jedoch (nur?) für England. Denn Sklaven und indigene Bevölkerungen sind von diesen Regulierungen scheinbar ausgeschlossen. Diese Maßnahmen zeigen jedoch keine Solidarität und ethisch-geleitetes Denken bei Locke, sondern spiegeln seine liberale Ideologie der Disziplinierung und Zucht sowie sein Kosten-Nutzen-Kalkül wieder. Die Armen müssen nämlich zur Arbeit geschickt werden (vgl. Losurdo 2011: 70). Betteln sollte verboten werden und mit drakonischen Strafen versehen sein (ebd.) – also eine Politik die heute bei Viktor Orban aus liberaler Sicht der EU stark kritisiert wird. Arbeitslosigkeit und Armut werden mit dieser Ideologie Stück für Stück im Bereich der Kriminalität angesiedelt. Totale Arbeitsdisziplin also? Der liberale Jeremy Bentham, auf den später sich auf Michel Foucault konzentriert, entwarf die Idee einer Betriebsstätte in Form eines panoptischen Gebäudes wo die Direktoren eine totale und ständige Kontrolle und Überwachung der Arbeiter:innen ausüben können (Bentham 1838: 56 zit. in Losurdo 2011: 73). Arbeit und Eigentum sind sakrale Entitäten im Denken Lockes. So sakral das es sogar terroristische Gesetze erlaubt die es rechtfertigen einen Dieb zu töten (Locke, Two Treatis, p.140 zit in ebd.: 78). Auch Tiere und Land gehören für Locke zum Eigentum.

Wenn in England wenig Weide- bzw. landwirtschaftliche Fläche vorhanden ist, in anderen Teilen der Welt diese brach liegen und nicht sinnvoll genutzt werden, ist es ethisch vertretbar sich diese Gebiete anzueignen? Es braucht also paradoxerweise Eingriffe in das Privateigentum und Gemeinschaftseigentum anderer um Eigentum überhaupt es möglich zu machen. Auch wenn für die Locke diese Gebiete niemanden gehören, da sie niemand bearbeitet, gehören diese Gebiete laut biblischer Ethik allen (da Gott uns die Erde allen gegeben hat). Es bedarf also eine geschickte Legitimierungsstrategie um Eigentum zu privatisieren, d.h. der Allgemeinheit zu berauben (a. d. lat. „privare"). Diese wird durch die Dichotomie von „arbeitslosen wilden Tieren" (Barbarei) und „arbeitenden zivilisierten Menschen" (Zivilisation) geschaffen.

Eine letzte Abschlussbemerkung zur Dichotomie von Mensch und Natur. Kapitalismus beruht auf der Trennung der Arbeit von ihren Mitteln, und die kapitalistische Akkumulation setzt die Reproduktion dieser Trennung als ihre wesentliche Prämisse voraus (vgl. Bonefeld 2010: 37). Für Locke schafft erst die Arbeit den Wert. Die Natur die bearbeitet wird hingegen hat scheinbar nur dann Wert, wenn diese bearbeitet wird. Anders formuliert: Natur hat nur als Eigentum einen Wert. Wenn also landwirtschaftliche Flächen, Tiere und Insekten allesamt als Eigentum und somit auch als Tauschware behandelt werden, dann unterliegen all diese natürlichen Entitäten einer gewissen Markt-, Tausch-, und Gebrauchslogik die die Natur an sich abwertet. Bei Locke sehen wir an mehreren Stellen also eine fatale Abwertung der Natur, die die Natur als bloßes Mittel zum Zweck betrachtet. Der Zweck liegt in der Akkumulation und Erhaltung des Eigentums. In dieser Hinsicht kann Locke als philosophischer Begründer der kapitalistischen Arbeitsteilung und der inwertsetzenden Logik der Natur betrachtet werden.

Daher konstatieren zu Recht zahlreiche kritische (vor allem marxistische) Denker:innen, dass die ursprüngliche Akkumulation (d.h. auch Landnahme, die Entstehung der Börse und ihre Verquickung mit dem kolonialen Sklavenhandel etc.) eine Trias von Eigentum/Kapitalakkumulation – Staatsgewalt und Ausbeutung bildet.

3. Konklusio

Hobbes und Locke können durchaus im Lichte ihrer Zeit und als Antworten ihrer zeitgenössischen Probleme gelesen werden. In diesem betrachtet, haben sie durchaus ein emanzipatorisches Potential vorzuweisen. Auf der anderen Seite sehen wir ein dichotomes Denken, dass in zwei grundlegenden Kategorien die Welt einzuteilen versucht: die Wilden, die Barbarei und der Naturzustand auf einen Seite und die zivilisierten Bürger des Gesellschaftsvertrages auf der anderen Seite. Die Natur und der Mensch. Feministische Theoretikerinnen würden das weibliche (Triebe) und männliche (Vernunft) als dichotome Kategorie der Moderne hinzufügen. Eine weitere kommt hinzu mit den dekolonialen Ansätzen die von der Dichotomie von Orient und Okzident sprechen. Diese Kategorien ebnen den epistemischen Weg der kolonialen Moderne.

Die Barbarei ist aus postkolonialer bzw. poststrukturalistischer Perspektive (Agamben, Foucault, Mbembe) der Ort des *wasteland* (brach liegendes Land bei Locke), oder the *zone of indistinction* (Agamben) bzw. der Ort der Wüste (Sloterdijk).[4] Das Gegenstück ist die Zivilisation. Das ist der Ort der Verwertung, Bewertung und Inwertsetzung der Natur. Damit wird die Natur zu einer Ware gemacht und ihr Wert unterliegt einer dramatischen Inflation. Die Zivilisation der Bürger des Gesellschaftsvertrages transferieren ihre Macht und Herrschaft einem Leviathan, also einer staatlichen Struktur. Diese zähmt die Leidenschaften der nicht voraussehenden, triebgesteuerten Bevölkerung und schafft somit Ordnung. Diese Ordnung und Staatsgewalt präsentiert sich wie Nietzsche ausführlich betont als „das Volk" und stets verkleidet als „Gegengewalt" bzw. Ordnung-schaffende Gewalt (Staudigl 2015). Das Gegenstück zur Ordnung und Staatsgewalt ist jener chaotische Naturzustand, der von permanenter Unsicherheit und Angst geprägt ist.

Nach einigen Jahrhunderten sind wir ausgestattet mit empirischen Daten, Zahlen und historischen Fakten über das Staatswesen und sein Gewaltmonopol sowie über die ursprüngliche Akkumulation. Insbesondere anarchistische Anthropologen und kritische bzw. marxistische Denker:innen haben mehrfach und ausführlich das liberale Narrativ eines friedlich entstanden Staates (entstanden durch einen Gesellschaftsvertrag) zum Zwecke des Schutzes der Bevölkerung widerlegt. Ganz im Gegenteil wohnt dem Staatswesen ein militaristischer, expansionistischer und sogar rassistischer (Foucault 2002) Charakter inne.

---

[4] Nach biopolitischer Lesart der Texte von John Locke, entnommen von Southam-Gerow 2021.

Quellen:

Agamben, Giorgio (2002): Homo Sacer. Die souveräne Macht und das nackte Leben. Frankfurt am Main: Suhrkamp.

Armitage, David (2013): Foundations of Modern International Thought. Cambridge: Cambridge University Press.

Barcley, Harold (1986): Anthropology and Anarchism. Cambridge: The Anarchist Encyclopaedia.

Barcley, Harold (1990): People without Government: An Anthropology of Anarchy. Left Bank Books.

Barcley, Harold (1997): Culture and Anarchism. London: Freedom Press.

Barcley, Harold (2003): The state. London. Freedom Press.

Baumann, Zygmunt (2005): Moderne und Ambivalenz. Das Ende der Eindeutigkeit. Hamburg: Hamburger Edition.

Bonefeld, Werner (2010): Ursprüngliche Akkumulation und kapitalistische Akkumulation. Anmerkungen zur gesellschaftlichen Konstitution durch Enteignung. In: associazione delle talpe. RLS Papers.

Eberl, (2021): Naturzustand und Barbarei. Begründung und Kritik staatlicher Ordnung im Ziechen des Kolonialismus. Hamburger Edition.

Elbe, Ingo (2010): Vom Eigentümer zum Eigentum. Naturrecht, Gesellschaftsvertrag und Staat im Denken John Lockes. In: associazione delle talpe. RLS Papers.

Foucault, Michel (2002): In Verteidigung der Gesellschaft. Frankfurt am Main: Suhrkamp.

Graeber, David (2001): Toward an Anthropolical Theory of Value The False Coin of Our Own Dreams. New York: Palgrave.

Graeber, David (2004): Fragments of an Anarchist Anthropology. Chicago: Prickly Paradigm Press.

Grubacic, Andrej & O'Hearn, Denis (2016): Living at the Edges of Capitalism: Adventures in Exile and Mutual Aid. California: University of California Press.

Hobbes, Thomas (1984): Leviathan oder Stoff, Form und Gewalt eines kirchlichen und bürgerlichen Staates. Frankfurt am Main: Suhrkamp.

Hobbes, Thomas (1994): Vom Bürger. Elemente der Philosophie II/III. Hamburg: Felix Meiner Verlag.

Horkheimer, Max & Adorno, Theodor (2006): Dialektik der Aufklärung. Philosophische Fragmente. Frankfurt am Main: Fischer Taschenbuch.

Losurdo, Domenico (2011): Liberalism. A Counter-History. London: Verso Books.

Nietzsche, Friedrich (1883): Also sprach Zarathustra. [Bd. 1]. Chemnitz, 1883, S. 65. In: Deutsches Textarchiv <https://www.deutschestextarchiv.de/nietzsche_zarathustra01_1883/71>, abgerufen am 26.05.2023.

Redecker, Eva (2022): Autoritäre Akkumulation. Hannah Arendt über Hobbes' Leviathan und die bürgerliche Geschichte. In: Deutsche Zeitschrift für Philosophie. Vol. 69. Nr. 6. S. 897-914.

Reinhard, Wolfgang (1999): Geschichte der Staatsgewalt. Eine vergleichende Verfassungsgeschichte Europas von den Anfängen bis zur Gegenwart. München: Beck.

Said, Edward (1993): Culture and Imperialism. New York: Vintage Books.

Said, Edward (1979): Orientalism. New York: Vintage Books.

Salter, Mark (2002): Barbarians & Civilization in International Relations. London: Pluto Press.

Scott, James C, (1998): Seeing like a state: How Certain Schemes to Improve the Human Condition Have Failed. London: Yale University Press.

Scott, James C (2009): The Art of Not Being Governed: An Anarchist History of Upland Southeast Asia. Orient Black Swan.

Staudigl, Michael (2015): Phänomenologie der Gewalt. Wiesbaden: Springer.

Southam-Gerow, Oliver (2021): Necropolitics in the New World: A Biopolitical Reading of Locke's Second Treatise of Government. In: The Macksey Journal. Vol.2, Article 123.

Tarlton, Charles (1998), Rehabilitating Hobbes. Obligation, Anti-Fascism and the Myth of a „Taylor-Thesis", in: History of Political Thought 19.3, 407–438.

Tilly, Charles (1985): War Making and State Making as Organized Crime. In: Peter Evans, Dietrich Rueschemeyer & Theda Skocpol. Cambridge: Cambridge University Press. S. 169-191.

Tully, James (1993): „Rediscovering America: The Two Treatises and Aboriginal Rights." In: An Approach to Political Philisophy. Locke in context. Cambridge: Cambridge University Press. S. 17-176.